ETHOLOGIE

BAS-BRETONNE.

SAUMUR. IMPRIMERIE DE H. ROBERDEAU,
Rue de la Petite-Bilange , 2.

ÉTHOLOGIE

BAS-BRETONNE,

Par J.-J. Le Maguérèze.

Se trouve chez l'auteur,

A DOUÉ.

1840.

AVIS

AUX BAS-BRETONS.

Si quelqu'un de mes compatriotes, en parcourant
ce recueil de mes souvenirs de pays, était tenté de révo-
quer en doute la vérité de certains faits que j'y signale ;
je crois devoir lui faire observer à cet égard que, bien
qu'une coutume n'existe point dans le canton qu'on
habite, on ne doit pas inférer de là qu'elle n'a pas
lieu dans une autre commune du même arrondissement ;
ni, à plus forte raison, dans un département limitro-
phe de celui où l'on réside.

Au reste, ce sera à ceux qui font de fréquents
voyages en Basse-Bretagne, de faire connaître si j'ai
dit vrai ou non.

Et, après tout, que mes compatriotes ne croient
pas que je publie ce petit ouvrage avec intention de les
dénigrer. Dieu m'en préserve !

ETHOLOGIE

Bas-Bretonne.

Il a paru tout récemment dans le journal de Maine-et-Loire, un morceau de littérature ayant pour titre : ESSAI DES MOEURS BRETONNES.

Mais, soit que l'auteur de cet écrit n'ait fait que passer dans quelques localités de la Bretagne, soit qu'il ait vu le jour dans une autre province du royaume, toujours est-il qu'il a été induit en erreur sur certaines coutumes des Bas-Bretons.

Je viens donc, à mon tour, entretenir le lecteur des mœurs de mes compatriotes, et notamment des préjugés et des superstitions dont ils sont encroûtés depuis des siècles, et qu'il serait si facile aux hommes éclairés de mon pays de faire disparaître, avec un peu de bonne volonté.

Pour peindre avec vérité, il faut de l'impartialité et de la franchise. Pour caractériser fidèlement un peuple, il faut être né parmi ce peuple.... il faut avoir marché constamment avec lui ; et de plus, il faut parler la langue des habitants de la contrée. Or, je crois réunir chez moi toutes ces qualités.

Né en Bretagne, j'ai vécu 30 ans au milieu des Bretons, j'ai eu leurs préjugés, leurs mœurs, et même leurs superstitions. Narrateur indigène, je puis donc, sans vanité, en parler savamment et en homme bien informé.

J'entre donc en matière et commence par le côté le moins flatteur.

Le Breton, au milieu de ses bois (car la Bretagne est une forêt perpétuelle), le Breton, dis-je, au milieu de ses bocages, et sur l'orée de ses landes étendues et désertes, vit à peu près comme un sauvage, à part son humanité.

Il vit plus près de la nature que les peuples des autres contrées de la France. Il est d'une saleté dégoûtante dans laquelle il semble se complaire. Lorsqu'il a revêtu un habit, il ne le quitte ordinairement qu'au bout de l'an, pour le mettre au blanchissage, ou le nettoyer des vermines qui y ont pullulé et passé plusieurs saisons de l'année.

Sa culotte de toile qu'il appelle *lavreck* ou *bragow* se trouve, à force de s'y être essuyé les doigts, enduite d'une glaire nasale, et reluisante comme une giberne d'infanterie.

Il en est de même de son gilet sur lequel il bave continuellement, en fumant sa pipe. Son chapeau de feutre, à fond hémisphérique et à très larges bords, lui dure une dizaine d'années, et le ferait un siècle, s'il pouvait atteindre à cet âge. Les boutons de sa culotte, grands comme des patères, sont d'un métal argenté ou doré. Son chapeau, à force d'avoir été noir a mué et est devenu d'un blanc gris. Il s'en sert souvent , comme d'un vase , pour puiser et boire aux fontaines. Jamais il ne fit usage de mouchoir de poche : ce serait pour lui un objet de luxe tout-à-fait superflu. L'index et le pouce en font constamment l'office.

La manière dont il arrange ses cheveux , écœure. Il passe son peigne dans sa bouche , pour l'humecter de salive , et pour mieux les lisser. Son surtout porte habituellement le millésime de l'année où il a été confectionné , et quelquefois le nom du tailleur de village qui l'a *bâti*. Il ferait facilement une campagne de Moscou , en gros sabots de hêtre , ou de bouleau.

Une paire de souliers qu'il ne porte que les fêtes carillonnées, lui dure un demi-siècle. Il est tel octogénaire en Basse-Bretagne qui ne chaussa jamais de souliers, pas même le jour de ses noces, et qui est allé dans l'autre monde en sabots cloutés ou ferrés.

Chevelure du Bas-Breton.

Les hommes attachent un grand prix à leur chevelure dont ils font parade en tout temps, et dont ils prennent le plus grand soin. J'ai vu des paysans bretons porter des cheveux flottants, sur leur large carrure , longs de 2 pieds 1/2. Les femmes ne sont pas aussi idolâtres des leurs. La plus belle chevelure d'une jeune bretonne est souvent sacrifiée pour un fichu de coton, de la plus mince valeur, ou pour quelques quarterons d'épingles, *spilieuve*.

Tonte des Bas-Bretonnes.

Les tondeurs de femmes , en Bretagne , em—

ploient auprès d'elles toutes les ressources de leur charlatanisme pour en obtenir leur blonde ou noire chevelure, et ils ne réussissent que trop à la leur ravir. Ce commerce, indigne d'une fille bien née, est communément réprouvé par son amant, qui l'abandonne dès qu'il a su qu'elle s'est laissé raser la tête; car alors elle est censée avoir vendu son ame, avec ses cheveux, *dène diole ac ène ihuerne*, au prince des enfers.

Costume des paysans Bretons.

Une sorte d'étoffe appelée *bure* constitue leur vêtement gothique. Les femmes riches s'habillent de fine écarlate; mais celles qui ont peu de moyens pécuniaires, se vêtent de *beslinge* couleur vert-pré ou vert-de-meûnier.

Dans certains cantons, les campagnardes sont accoutrées de la manière la plus bizarre et en même temps de la façon la plus repoussante.

Leur coiffure consiste seulement en une large bande de toile écrue qu'elles ajustent sur leur tête, sans beaucoup de cérémonie, et, qu'on me passe l'expression triviale, comme en revenant de Pontoise.

De loin, et dans leur état d'immobilité, on les prendrait pour de véritables épouvantails. Les femmes, en général, fument leur pipe de terre couleur d'ardoise, qu'elles appellent *bonhomme*, comme le font de vrais matelots; et ce, en public comme en particulier.

Elles vont au cabaret (*tavarne*), tantôt seules,

tantôt avec leurs maris, et tantôt avec le premier homme venu, sans que, pour cela, il en résulte rien de désagréable, et que personne s'en formalise.

Cependant de temps à autre on voit des femmes ivres dans les rues, et l'on en rencontre quelquefois de couchées, d'une manière tout-à-fait indécente, dans les bois ou sur les bords des grands chemins.

La culotte ou *lavreck* des finistériens, qui leur descend jusqu'au genou, est terminée en bourrelet froncé à grands plis.

Chaque fourreau de la culotte est si ample qu'il pourrait contenir (abstraction faite de la cuisse qui s'y trouve comme perdue), sans exagération, au moins 30 litres de blé. Ses grandes guêtres de toile s'attachent au jarret et au-dessous du genou, avec deux cordons terminés chacun par un gland. Ces guêtres se boutonnent, dans toute leur longueur, d'une vingtaine de petits boutons en plomb, arrondis à la hussarde.

Ainsi équipés les Bas-Bretons ont l'air de tout ce que l'on veut, excepté de français, quoiqu'ils le soient dans toute l'acception du terme. Les vieillards se ceignent les reins d'une ceinture de cuir de bœuf, laquelle a pour ornement une grosse boucle de cuivre ramenée sur le beau milieu du ventre.

Comme ils ne connaissent pas encore l'usage des bretelles ils se servent de cette ceinture, qui ressemble fort à une sangle, pour maintenir leurs hauts-de-chausses : Ceux qui n'ont pas la faculté de se procurer une ceinture, verraient souvent leur culotte à l'envers, ou plutôt tombée sur leurs mollets, s'il n'avaient soin de la soutenir continuellement d'une main, ou de la serrer avec une *bille* ou petit morceau de bois arrondi.

Dans leurs batteries, qui sont assez fréquentes, ils s'en trouve quelquefois de déculottés, faute de ces précautions. Comme tout le monde le sait, ils se battent à coups de tête, jusqu'à ce qu'ils parviennent à s'entre-saisir à bras-le-corps ; car alors commence une lutte pénible et opiniâtre et dont les exercices sont assez compliqués. A forces égales, les deux champions lutteraient une heure sans aucun résultat décisif si, par pitié, quelqu'un des spectateurs ne les séparait de vive force.

Lorsqu'ils se prennent par leurs longs cheveux, il est impossible de leur faire lâcher prise, si on ne les coupe avec des ciseaux.

J'ai vu, une fois, un juge-de-paix de mon pays décharger force coups de canne sur deux combattants, et malgré cette rude correction, ils ne cessaient de se battre. Le battu, s'il n'a un œil ou un membre de moins, va rarement porter plainte devant les tribunaux. Une bouteille de cidre, ou un verre de güine ardente (d'eau-de-vie) les a bientôt réconciliés, sauf, si le cas le requiert, à recommencer le combat au sortir de la taverne.

La couleur favorite de leurs bas est le bleu-foncé, je ne sais à quoi se rapporte cette singulière prédilection.

Les cols de chemise des Bas-Bretons se boutonnent de 5 ou 4 boutons de fil blanc. Les élégants les portent quelquefois brodés. La robe des paysannes s'ouvre sur le sein comme nos gilets à schall. Un beau lacet de couleur la serre tant soit peu, par dessus une jolie gorgerette de toile fine, unie ou brodée.

Voilà pour les coups de tête, et la toilette.

Mais il n'est pas hors de propos de dire qu'il en est autrement dans les bourgades tant soit peu considérables, où les mœurs s'améliorent sensiblement chaque jour. Il est bon aussi de faire observer que les mœurs et les costumes des villes bretonnes, diffèrent essentiellement de ceux des bourgs et des villages; et, qu'à quelque chose près, c'est comme dans les grandes cités du royaume.

Les habitants des côtes morbihanaises sont assez bien et assez richement costumés. Ce n'est qu'en pénétrant dans les terres que la différence des costumes se fait remarquer, ainsi que celle des mœurs. Quand à la langue celtique, ou le Bas-Breton, elle se parle d'une manière différente dans le Finisterre, les Côtes-du-Nord et dans le Morbihan. Dans ce dernier département, il y a une nuance sensible dans le langage, de commune en commune; et surtout, si une distance de 4 à 5 lieues les éloigne l'une de l'autre.

Le Breton du finisterre se parle dans sa pureté primordiale: on en voit des grammaires et des dictionnaires. Les habitants du pays de Galles, en Angleterre, parlent encore le Breton de Saint-Paul-de-Léon, et de Quimper-Corentin.

Intérieur d'une chaumière, en Basse-Bretagne.

Presque toutes les habitations rurales sont couvertes de paille artistement arrangée. L'intérieur des maisons n'offre que le tableau de la misère, ou de la simplicité la plus antique.

Le logement appelé *cuisine* ressemble assez à un corps—de—garde enfumé. Il n'est éclairé que d'une petite fenêtre haute de 3 pieds et large de 20 pouces, et au milieu de laquelle se trouve ancrée une large bande de fer, éperonnée de haut en bas.

Une simple cloison sépare la cuisine, de l'étable des bestiaux. Il m'est quelquefois arrivé d'y voir pêle-mêle, des moutons, des porcs, des veaux, des chèvres, et toute la volaille de la basse-cour. Mais il faut dire, pour ne pas trop charger le tableau, que ces animaux ne se permettent cette *profanation* que quand, pressés par une faim impérieuse, ils ébranlent les portes mal assurées, et vont quèter leur pâture. Chez les gens pauvres, l'étable se trouve à l'une des extrémités de l'appartement, et le ménage à l'autre. Une simple barre de bois sépare les hommes, des animaux ; mais ceci est fort rare.

Les lits des chambres à coucher sont à deux étages. Les vieillards couchent au premier, et les personnes ingambes, au second ; car il faut du jarret pour se jucher si haut ! ces lits ont des volets qui ferment à coulisse. Ils sont percés à jour, par des ovales ou lunes garnies de petits balustres de bois de buis, ou d'if.

Décorations d'une ferme Bretonne.

Les élégants surmontent et décorent leurs armoires de châtaignier, de planchettes recouvertes de *mica* qui sont des lames brillantes, de couleur d'or ou d'argent. Les murailles, noircies par le temps ou par la fumée, sont totalement tapissées d'images de dévotion, telles que Sainte-Anne, Notre-Dame de Bon-Secours, la Vierge de l'ermitage, la Vierge aux poissons etc., ou de sujets militaires, tels que bataille du Mont–Saint–Jean, journée d'Arcole, retraite du général Moreau, leur compatriote, combat des *Trente*, dans les plaines de Ploërmel, où trente gentils-hommes bretons, sous le commandement du preux de Beaumanoir, vainquirent, dans un pareil nombre de gentils-homme anglais, l'Angleterre entière, du Guay-Trouin, Olivier de Clisson, Duguesclin, Cambronne, l'honneur de la vielle garde, le vertueux de Quélen, archevêque de Paris etc. etc., et tous, leurs héroïques compatriotes.

Meubles, ustensiles de cuisine, Poterie.

Toute leur batterie de cuisine se réduit à une énorme marmite de fonte de la contenance de 4 à 5 seaux d'eau.

L'âtre est si vaste qu'une vingtaine de personnes s'y chauffent à la fois. Dans un coin de la cheminée, à droite, en entrant dans la cuisine, se trouve pratiquée une loge construite en planches. C'est dans ce réduit que s'asseient ordinairement pour se chauffer, le maître de la maison et sa ménagère; et ce n'est que comme une marque de faveur, que le métayer cède cette niche à quelque personne de ses amis, qu'il a invitée à venir goûter son cidre ou son poiré, et manger des marrons rôtis. Le foyer est élevé de terre d'une dizaine de pouces. Le feu se souffle à la force des poumons. On n'y voit des soufflets que bien rarement. Au fond de la cheminée, et dans toute sa largeur existent les fourneaux soutenus par 3 ou 4 arches. C'est sous ces arches qu'on met le lait se cailler.

A l'opposite de la loge-fauteuil dont je viens de parler, est placé le lit conjugal, au bas duquel règne latéralement un grand coffre ou pétrin que les Bretons baptisent du nom de *banque* ou de *luherre* et qu'il faut escalader pour se mettre au lit. Au bout de la cuisine, et près de la cloison qui la sépare de l'étable, se voit une flaque de lavure de vaisselle où barbottent de temps en temps quelques jeunes canards, c'est là *l'évier*. Les raccommodeurs de faïence, de soufflets, les étameurs de casseroles et de fourchettes, les fondeurs de cuillers n'ont que faire dans les villages Bretons. Les écuelles sont en bois de hêtre, ou de pommier; les cuillers et les fourchettes, du même *métal*.

Le soufflet dure la vie de l'homme, et de petites marmites suppléent aux casseroles. Les plats et les assiettes consistent en moyennes et en grandes *sébiles*. La table à manger est un énorme coffre recouvert d'un dessus qui s'ouvre et se ferme à volonté, au moyen de deux coulisses faites aux deux extrémités de la table. Ce coffre tient lieu de garde-manger, et sert aussi à renfermer le laitage. Ils n'ont pour toutes

le petit rondin ou billette ne se vend que 3 francs la corde ; et les bûches, 9 francs. Le cent de cotrets ne coûte que 15 francs. Aussi n'est-il aucune contrée où l'on se chauffe aussi bien qu'en Bretagne, et à si peu de frais.

Le gibier abonde aux marchés de la Bretagne. A Carhaix, patrie de *La Tour d'Auvergne*, les perdrix sont si communes qu'elles ne se vendent que 10 centimes pièce. Dans les campagnes situées entre Pontivy et Lorient, un beau lièvre ne se vend que 90 centimes, et une bécasse 15 centimes.

En hiver, le beurre du Morbihan, qui ne le cède en rien à celui de la Prévalaye, ne coûte que 12 sous la livre (*deuxèque guénec* ou *blanque*). L'été, on l'a pour 10 sous. Le cidre qui approche beaucoup en qualité de celui de Rennes, qui est sans contredit le meilleur de France, ne se vend que 10 francs la pipe dans les années d'abondance. Pour 8 à 9 francs on a un beau saumon de 18 livres. Sur les côtes, une raie de vingt livres ne coûte que 14 sous ; un homard 5 sous ; les excellentes huîtres de Carnac, qui sont supérieures à celles de Cancale, 15 centimes le cent ; les chevrettes appétissantes, crustacés délectables, 30 centimes la quarte, et les belles sardines sortant d'être pêchées, 2 sous la douzaine. Les moules et les harengs sont la nourriture des pauvres.

Les grands ruisseaux et les rivières dont la Bretagne est entrecoupée, fournissent une prodigieuse quantité d'excellents poissons. Nulle part on n'a la volaille à aussi bon compte, et, malgré cela, le paysan dont les basses-cours en sont pleines n'en mange jamais.

Il préfère les porter au marché ainsi que son beurre, et manger du pain noir trempé dans du lait caillé. Les bourgeois qui ne sont point fâchés de cette abstinence mettent ses poulets à la broche, et quand ils sont bien arrosés avec le beurre du campagnard, ils les mangent à sa santé.

En carême on collationne de toutes espèces de coquillages : de bigorneaux, (coquillages univalves), de crozilles, de crabes, de cancres, de palourdes, appelées aussi châtaignes de mer, à cause de leur conformation qui a beaucoup d'analogie avec celle d'une bogue, de manches de couteau, de moines (*monahh*) espèce de volute, de pisseurs ou pompiers, (grosses moules à chair coriace) et ainsi nommées parce qu'elles lancent en l'air de gros filets d'eau, d'oursins etc., etc.

J'aurais pu me dispenser d'entrer dans tous ces futiles détails qui sont tout-à-fait étrangers à la matière que je traite, mais j'y ai été entraîné comme malgré moi, je réclame donc, à cause de cette digression de peu d'intérêt, l'indulgence de ceux qui daigneront me lire.

Je vais maintenant m'occuper plus spécialement des mœurs et des préjugés de mes compatriotes. Je tâcherai d'être le plus succinct possible.

Mœurs, préjugés et superstitions du campagnard bas-breton.

Le Bas-Breton, quoique assez misérable, conserve un caractère ferme et indépendant. Sa franchise et son courage sont à l'épreuve. « *Brave et franc comme*

un Breton, disait l'Empereur à la bataille d'Auster-
litz». « *Terribiles sunt Britonnes! quandò dicunt : tor
hi pène*, disait César :» Les Bretons sont terribles et
redoutables quand ils prononcent : *tor hi pène !* (casse-
lui la tête !)

Il est très hospitalier et toujours disposé à rendre
service; mais il est méfiant et garde long-temps le
souvenir d'un affront ou d'une injustice qu'on lui a
faite. Il quitte difficilement ses foyers, si ce n'est
pour aller servir sa patrie qu'il défend jusqu'à la mort.

Sa crédulité et sa bonne foi le rendent facile à
être dupé. Les Normands de la Normandie, et même
les Normands de tous les pays en sont tellement per-
suadés, que c'est de préférence qu'ils exploitent la
Basse-Bretagne dans leurs courses commerciales.

L'instruction primaire y est encore si peu répan-
due, qu'on ne rencontre pas, à peine, dix paysans sur
cent qui sachent lire le français. Delà vient que le
pauvre Bas-Breton est en proie à une foule de préjugés et de superstitions qui font continuellement le
tourment de sa vie, et qui le forcent à s'isoler du
reste des nationaux de notre belle France. Et d'abord,
il ajoute scrupuleusement une foi aveugle et ridicule
à tous ses songes qu'il interprète en bien ou en mal.

S'il rêve de guerre, c'est signe de paix, et *vice
versâ*. S'il rêve d'argent il en augure mal, c'est un
présage infaillible de malheurs. Si c'est de mort,
c'est un signe assuré de prospérité, et mille simpli-
cités du même genre. S'il se trouve muni de l'extré-
mité de la queue d'un *vieux* lézard vert, il peut alors
se présenter à toute espèce de jeux de hasard, sans

douter un instant que la queue du quadrupède ovipare dont il est porteur, ne fasse tourner pour lui la roue de la Fortune.

Si, en la remuant, il trouve, le matin, la cendre de l'âtre par pelottes, c'est que (indubitablement) quelque membre de la famille est gravement malade, et qu'on ne tardera pas à être informé de sa mort prématurée. Après des erreurs aussi grossières, on ne doit pas être étonné de voir sur les places publiques, et en plein marché, des Bas-Bretons et des Bas-Bretonnes, l'oreille collée attentivement au bout d'un long tube de ferblanc, et recevoir comme des vérités évangéliques, les prédications étranges et mensongères qu'un saint homme de charlatan leur débite de la meilleure foi du monde, moyennant la somme de quinze centimes y compris la carte des heureux pronostics.

Il craint aussi les donneurs du *goual avèl* (mauvais vent) autrement dit: les personnes usant de maléfices, jeteurs de mauvais sorts; et croit que tous les cordiers ont le sang corrompu et l'haleine pestilentielle: aussi voit-on dans quelques localités champêtres, les pauvres manipulateurs de filasse rejetés ignominieusement comme de vrais parias.

La tradition rapporte que avant 1780, ils n'avaient pas la liberté de franchir le seuil des temples fréquentés par les autres fidèles, et qu'il y avait, hors des bourgs, une magdeleine (petite église) où ils pouvaient assister à l'office divin.

J'ai vu moi-même quelques unes des ruines de ces églises d'exception.

Le paysan breton consulte la direction du vol des oiseaux et en tire des augures bons ou mauvais, selon qu'ils volent à sa droite ou à sa gauche. Par délicatesse de conscience, il préférerait mourir que se plier aux bassesses et aux manœuvres ignobles de qui que ce fût ; et jamais on ne le vit transiger avec l'honneur.

Voilà pourquoi il est si délaissé dans ce siècle de duplicité et d'égoïsme. Pour peu qu'on le traite avec douceur et qu'on ne l'abreuve pas de paroles acerbes, il montre la plus grande docilité dans l'exécution des devoirs qu'on lui impose, et les ordres qu'on lui intime. Il est homme avant tout. En fait d'opinions politiques, il n'en a aucune par lui-même, à proprement parler, et, en cela, tous les français penseront bientôt comme lui, ce qu'à Dieu plaise ! pour le bonheur de la France. Mais sa devise constante, la seule qu'il trouve digne de lui, est celle-ci :

Salus populi suprema lex esto ! que le salut du peuple soit la loi suprême !

Elevé sous l'étendard sacré de l'évangile, il ne séparera jamais sa cause de celle du peuple, pour embrasser le parti des puissants et des riches. Aussi ne le verra-t-on jamais ramper dans les cours des rois, ni briguer les emplois, ni les honneurs. Simple et modeste il sait se contenter de ce qu'on lui accorde dans les diverses administrations ; et on le voit rarement ambitionner les charges qu'il croirait ne pas bien remplir. (*).

______

(*) Cet article concerne particulièrement les gens instruits, ou de quelque mérite.

Il aime sa religion jusqu'à l'excès ; et pour lui la voix de son recteur est celle d'un oracle. Le matin, à midi et le soir, il se découvre respectueusement, fût-il dans les rues, pour réciter l'Angelus.

Le respect humain ne l'arrêta jamais dans ses actes de religion ; et, lorsque j'étais au service de ma patrie, je me rappelle avoir vu plusieurs conscrits de l'Armorique se prosterner dans leurs chambrées, au chevet de leur lit, et réciter leurs prières dévotement, malgré les sarcasmes et les huées de leurs camarades.

Ceux qui ne parlent pas le français appellent leur curé *person*. Ceux qui le savent l'appellent *recteur*. Les premiers appellent le vicaire *curé*, et l'évêque *escop*. Les prêtres bretons, dans les campagnes, prêchent et catéchisent leurs ouailles en langue bretonne. Dans certaines villes, ils sont obligés de prêcher, tantôt en celtique, tantôt en français.

Le mari va à l'enterrement de sa femme, et l'épouse assiste aux funérailles de son mari. En Bretagne on pousse si loin le respect pour un mort, qu'on ne lui voile jamais le visage. On pose le corps sur un beau lit funèbre, entouré d'un brillant luminaire.

Tout l'appartement où gît le mort est tendu de draps blancs, décorés de guirlandes de lierre ou de buis qui tombent en festons. Ceci se pratique seulement chez les fermiers aisés.

Aussitôt qu'un agonisant a rendu le dernier soupir, on s'empresse de placer un vase d'eau claire dans l'endroit le plus dérobé de l'appartement, afin que l'ame du trépassé aille s'y laver de quelque souillure dont elle ne s'était pas entièrement purifiée, avant de quitter la vie. Pendant un an, on entend le mort revenir; mais on ne le voit jamais, attendu, disent-ils, que Dieu n'a jamais permis et ne permettra en aucun temps à un mortel de voir une ame face à face. Lorsqu'ils *l'entendent* ou qu'ils en rêvent, c'est signe qu'elle a besoin d'une messe ou d'un obit pour son entière délivrance des flammes du purgatoire.

Si la personne décédée avait un commerce avec une marionnette (car c'est ainsi qu'ils appellent tous les chats noirs qu'ils croient des esprits infernaux , et qui enrichissent promptement ceux qui les prennent à gages) , si , dis-je , le défunt commerçait avec une marionnette , c'en est alors fait de son corps et de son ame , car des milliers d'exemples prouvent , d'une manière irrécusable , qu'à l'ouverture de la bière, et au moment où on la descendait dans la tombe , on ne trouvait dans le cercueil que des suaires ensanglantés , et l'empreinte des griffes du diable.

Pour rompre un traité qu'on avait fait avec une marionnette on lui jette au minois un chapelet indulgencié, trempé dans de l'eau bénite, dont la vertu le fait disparaître pour toujours.

Si un malin craint qu'on ne ravage sa propriété, il a un moyen efficace d'y obvier. Ainsi, pour prévenir tout dégât, il n'a qu'à supposer tout gratuitement que son jardin, son verger ou sa prairie sont le rendez-vous habituel de quelque revenant, ou le lieu où descendent des airs, les sorciers de la contrée. Il peut alors être assuré qu'on n'y entrera jamais, fût-ce en plein midi.

Le Breton est si peu novateur en matière de religion, qu'il a toujours laissé subsister dans les commandements de l'église, un 7me commandement qu'il récite chaque jour comme les six autres.

Il est ainsi conçu : *ac dène elise hune déogheuve he péième màd hèm gober gheuve.*

Qui s'interprète : Nous devons payer scrupuleusement nos dîmes à l'église. Je ne sais si ce 7me commandement existe aujourd'hui, mais je sais qu'il existait encore en 1825.

Il croit sérieusement que l'enfant qui est né le jour de Noël, a dans le cours de sa vie, l'intelligence du langage de tous les oiseaux des airs, chose qui existait : du temps que les animaux parlaient.

Dans la petite ville de Baud, lieu de ma naissance, entre Napoléon-Ville et Vannes, on prête, moyennant une légère offrande, les patenôtres de N. D. de la clarté. C'est un collier de grosses perles d'agate, ou de perles de verre colorié de différentes teintes, que porte au cou, pendant 9 jours seulement, celui qui est atteint d'ophthalmie, ou qui a la vue débile.

On se rend aussi processionnellement avec croix et bannière à la fontaine de la vierge auxiliatrice; dans laquelle les bons pélerins font pleuvoir, par dévoûment ou par reconnaissance, une grêle de sous, et parfois quelques petites pièces d'argent.

Il se font des aspersions soignées avec l'eau de cette fontaine, et pour que tout le corps s'en ressente, un mendiant *vendeur d'eau* leur en verse de pleins pichets dans la nuque et dans les manches de leurs habits. On y voit des matelots, la corde au

cou, et pour ainsi dire en chemise, suivre pénible-
ment la procession sur leurs genoux meurtris.

Manière de s'assurer si un absent est mort ou en vie.

Pour s'assurer si leurs fils absents sont morts à
l'armée, ou s'ils jouissent encore de la vie, ils jettent
un morceau de pain dans la fontaine : si ce morceau
de pain flotte immobile sur l'eau, celui qui l'y a jeté
pousse un profond soupir et se met à fondre en
larmes : mon fils est mort, dit-il, je ne le rever-
rai plus !..... Si, au contraire, le pain change de
place et suit le cours de l'eau, c'est un signe heureux.
Alors celui qui était venu consulter la naïade, ou
plutôt les eaux prophétiques de la fontaine de Notre-
Dame, ne se sent plus d'aise et se livre publiquement
à la joie la plus douce et à la fois la plus bruyante.
Il n'est donc pas rare d'entendre en même temps
dans ces lieux, et les cris déchirants de la douleur,
et les tendres accents de l'allégresse.

Mais, après une confiance aussi aveugle, je laisse
à penser ce que doit juger le père, qui croit son fils
en bonne santé, sur la foi d'un morceau de pain flot-
tant sur l'eau, lorsque, quelques jours plus tard, on
lui remet dans les mains son papier mortuaire..... Et
combien, d'après la même bévue, doit être désabusé
le père qui croyait son enfant dans la tombe, quand
au milieu de ses chagrins et de ses regrets amers, il
en reçoit de consolantes nouvelles ; ou que, à l'impro-
viste il est agréablement surpris par l'arrivée de son
fils qui lui prodigue des caresses et le serre étroite-

ment sur son cœur palpitant de joie et de bonheur....
O mes chers compatriotes ! ! !.....

Il est bon de faire observer (en passant) que chaque saint , et sainte de la Basse-Bretagne est obligé
d'avoir sa fontaine miraculeuse. Les eaux de celle de
Saint-Cornély ont la vertu *exclusive* d'arrêter les
cruelles épizooties. Il en est cependant de même des
eaux limpides de la fontaine de Saint-Nicodème.

Assemblée de Saint-Nicodème , près de Pontivy.

Si je ne craignais point d'abuser des moments
précieux du lecteur, je l'entretiendrais de quelques
particularités assez intéresssantes dont j'ai été témoin
moi-même à une assemblée de Saint-Nicodème.

En entrant dans une vaste antisacristie, je ne fus
pas peu étonné d'y voir 4 grands tonneaux défoncés
dans lesquels une foule d'hommes et de femmes je-
taient et pétrissaient d'énormes pièces de beurre
frais, couleur d'or. Puis leur en ayant demandé le
motif, ils me répondirent que c'étaient-là leurs offrandes annuelles, et un témoignage de reconnaissance envers Saint-Nicodème qui avait bien voulu
préserver leurs bestiaux de maladies contagieuses
et de tous autres accidents. Indépendamment de ces
foudres de beurre, chaque fermier fait présent au
patron de sa paroisse, des prémices de ses troupeaux,
ainsi que des fruits de ses arbres fruitiers.

C'est une dîme comme une autre , si ce n'est qu'elle
est volontaire. Il faut tout dire : avec le produit de
toutes ces offrandes ont fait face aux besoins de l'é-

glise. On paie le feu d'artifice, on défraie les gen-
darmes venus à l'assemblée, pour en maintenir l'ordre ; on régale les fifres et les tambours champêtres,
et l'on fait boire de copieuses rasades d'un cidre généreux et pétillant aux zélés gardes nationaux invités
par le recteur de la paroisse à venir prendre part à
la fête et à l'embellir de leur présence.

J'ai vu dans le vallon de Saint-Nicodème, où est
bâtie l'église, placées sur deux rangs, plus de 60
bêtes à cornes rubantées marcher pesamment à la
queue de la procession, sous la conduite de leurs
maîtres. Le coup d'œil en était charmant. La fabri-
que, en tout cela, doit trouver amplement son
compte, mais Dieu y trouve-t-il sa gloire? je ne le
pense pas. Mais voici quelque chose de plus fort :
je veux parler du pélérinage de Saint-Adrien. On y
va pour la guérison de la fièvre... Comment cela ?
comment, lecteur? vous allez voir : Au bas de l'église
champêtre se trouve un monceau de galets entouré
d'une petite balustrade. Eh bien ! ce sont ces pierres
plates que quelque intéressé aura sans doute retirées
de la rivière du Blavet qui a son cours non loin de
là, que mes bons compatriotes ont la simplicité de
regarder comme les plus puissants et les plus énergi-
ques fébrifuges de l'univers. Hommes et femmes, à
qui veut voir, s'en frictionnent le ventre, au bas de
l'église, sans que personne y trouve à redire, et quoique l'opération dure un quart d'heure. Il est inutile
de faire observer que la chose se fait par dessus les
vêtemens ; car d'une peccadille on tomberait dans un
péché abominable.

St-Colomban guérit les fous qu'on lui envoie enchaî-
nés, dans les noirs cabanons de l'église de Locminé,
où ils restent un temps infini sans la moindre lueur
d'espérance, et après y avoir souffert toutes sortes
de privations. Saint-Séverin guérit les boiteux et les
ulcères ; Saint-Maur, les scrofules ; Saint-Fiacre,
les maladies cutanées, et Saint-Christophe, les coli-
ques. Mais je ne sache pas qu'il s'en trouve qui gué-
rissent le terrible Choléra-Morbus. Il est vrai que les
paysans bretons ignorent si c'est une bête féroce, ou
une maladie qui empuantit l'air partout où elle passe.
Ur lôn fal ac melliguèd (une bête maudite et cruelle.)

Mousse merveilleuse.

Sur le sommet du *mâné-ghuène*, qui veut dire
Montblanc, près du joli bourg de *ghuénin*, est bâtie
l'antique chapelle de Notre-Dame-des-Forces. Les
pierres de granit blanc dont elle est construite ont vu
s'écouler tant de siècles, qu'elles sont totalement
couvertes d'une mousse dorée. Là, comme partout
ailleurs, on fait aussi un pélérinage dont il m'est
assez difficile de dire l'objet et de rendre par consé-
quent un fidèle compte, pour ne pas blesser la pu-
deur. Qui croirait que des jeunes filles d'ailleurs
pieuses, mais simples, grattent avec leurs couteaux
de la mousse dont l'église est couverte, et ce, pour
en prendre des infusions qui, selon elles, ont la vertu
de développer leurs formes et de conserver leur teint
de rose. Les jeunes nourrices s'imaginent également
que cette mousse merveilleuse a la propriété de

rendre intarissable le lait de leurs mamelles, en en portant de petits sachets sur leur sein. (*).

A Notre-Dame-des-Fleurs , pour ne pas dire des Flueurs , se rendent en grande dévotion , le rosaire à la main , les vierges au teint pâle et aux yeux mourants. Après que ces jeunes vestales ont bu à la fontaine quelques petits verres d'eau (qui n'est pas de Vichy) elles se sentent, sinon en voie de guérison, du moins le cœur plein d'espérance et de joie.

Fardeau de Saint-Christophe.

Saint-Christophe qui , selon une vieille légende , était d'une force herculéenne et d'une taille gigantesque , obtint sa béatification du sauveur du monde lui–même qu'il eut la charité de porter sur ses larges épaules , pour traverser le profond bras de mer de Kérentrée , ayant de l'eau jusqu'aux aisselles. Sa statue colossale se voit dans l'église de Kérentrée qui est un des plus beaux faubourgs de Lorient. Il est appuyé sur un bâton gros et long comme un mât de corvette. Ce fut à l'aide de ce bâton-monstre qu'il traversa les ondes avec son précieux fardeau ; et malheur à qui n'y croit pas !

Pélérinage de Saint-Anne (d'Aurai),... ce qui s'y passe.

Je ne parlerai pas du pardon de Quelvèn (c'est

---

ainsi qu'on appelle les assemblées pieuses, en Bretagne), ni de celui de Sainte-Hélène où se rend un grand concours de peuple ; mais je citerai avantageusement le pélérinage de Sainte-Anne (d'Aurai) qui est le plus célèbre de tous. Des princes et des princesses de France ont honoré de leurs pas augustes, le modeste bourg de Sainte-Anne, situé en la commune de Pluneret, à 3 lieues de Vannes et à une lieue d'Aurai.

L'église de Sainte-Anne, par les nombreuses offrandes qu'elle reçoit, est la plus riche de tout le royaume. Plus de trente paroisses s'y rendent processionnellement, de 3, 4, 5 et même de 8 lieues, le lundi de la Pentecôte. Sainte-Anne jouit en Bretagne de la plus grande vénération. Elle a opéré une infinité de miracles dont l'authenticité ne saurait raisonnablement être contestée. On l'appelle la thaumaturge. Aussi y voit-on accourir de tous les points du territoire de la Bretagne, un grand nombre de pélerins, et il en vient même de plusieurs contrées de la France.

Avant 1830, on y voyait un beau collège, dirigé par de savants jésuites. Le collège existe encore, mais il est tenu par des prêtres séculiers.

Il est inutile de dire qu'on danse beaucoup dans toutes ces assemblées ; mais cela n'empêche pas les sentimens religieux. Vouloir empêcher les bons Bretons de danser, tout chrétiens qu'ils sont, c'est vouloir faire un trou dans la lune. C'est le son de la musette, *ou biniou*, qui fait trève à la misère qui les accable.

Après avoir dansé des gavottes sur le gazon, on se

retire sous quelque tente , pour boire quelques coups de cidre ou de poiré et prendre une légère réfection. Lorsque le temps de regagner ses foyers est venu , tout le monde se met à crier le départ. Après quoi, on se débande à droite et à gauche et l'on enfile les chemins ombragés, en chantant comme des bienheureux ; les uns, des chants d'amour , les autres des cantiques spirituels. Tout le long du chemin sont établis, de quart de lieue en quart de lieue , des cabarets en plein air, au pied de quelques vieux arbres. Il n'y a jamais à craindre que les pélerins et les pélerines, surtout les premiers n'y fassent halte ; car autant de bouchons , autant de stations.

Toutes ces visites bachiques finissent par ralentir la marche des dévotieux voyageurs ; et les nombreuses rasades qu'ils ont humées finissent également par ébranler l'homme ainsi que sa robuste dévotion. L'airain du village a donc souvent sonné minuit quand le pélerin, tout harassé , rentre dans sa chaumière et revoit ses pénates.

Foires et marchés de la Basse-Bretagne.

Après avoir discouru sur les assemblées pieuses , le lecteur ne trouvera pas mauvais que je l'entretienne des foires et des marchés de la Basse-Bretagne , ainsi que des luttes publiques des habitans de la campagne. Il s'y passe des choses assez curieuses : du tragique et du comique tout-à-la-fois.

De grands bandits , à la face rébarbative , surnommés en celtique *dorn-neghiante* (main leste), et dont la véritable profession est celle de châtreurs-languéyeurs, parcourent les foires et les marchés en jouant de la flûte de Pan, et en faisant le moulinet avec un énorme bâton dont chacun d'eux est armé. A leur aspect menaçant tout le monde tremble ; mais c'est surtout quand ils se rencontrent entr'eux, qu'ils se provoquent et qu'ils topent en se frappant dans la main , que tous les spectateurs prennent la fuite , pour éviter les atteintes de cette arme redoutable ; car aussitôt que le bâton joue, on voit incontinent le sang ruisseler , et quelqu'un des combattants étendu sur la poussière. Les adversaires tâchent toujours de se porter le coup de tête, qui est le plus meurtrier. Aussi arrive–t–il assez fréquemment qu'à la suite de ces sortes de combats , plusieurs de ces malheureux sont obligés , s'ils ne meurent sur place , de subir la douloureuse opération du trépan.

Aire à battre. Lutte solennelle.

Parlons maintenant du renouvellement des aires à battre. C'est à cette occasion qu'ont lieu les luttes dont j'ai promis d'entretenir le lecteur. Après avoir réduit en mortier la quantité de terre nécessaire pour faire l'aire , et l'avoir bien étendue sur place , le métayer fait annoncer dans toutes les communes circonvoisines, et à son de trompe, que tel jour il ouvrira une lutte dans la cour de sa métairie. A cet effet , il invite à s'y trouver tous les lutteurs grands et petits, jeunes et vieux. Et, comme il donne à boire et à manger *gratis* à toute la tourbe d'assistants, ainsi qu'aux lutteurs, personne ne manque à l'appel désin-téressé.

L'ouverture de la lutte a lieu au son de la musette, et du hautbois que les paysans appellent *bombarde*.

La lice ou l'arène se garnit circulairement d'une foule de spectateurs qui attendent avec impatience le moment du combat.

Après que les liceurs (hommes chargés de maintenir l'ordre et d'agrandir le cercle) ont frappé 3 fois la terre de leurs longs bâtons, et crié le même nombre de fois, d'une voix forte et sonore : lice! on voit paraître le doyen des lutteurs, armé d'une longue gaule au bout de laquelle sont attachés les gages, autrement dits : les prix destinés aux vainqueurs.

Il en donne provisoirement un à celui des athlètes qui est tenu de faire le tour de l'arène en montrant le prix qu'on lui a confié, et en provoquant au combat. Si, après avoir parcouru la lice, personne n'accepte son défi, le prix qu'on lui avait remis provisoirement lui appartient de plein droit, et ce, sans avoir lutté. Il arrive quelquefois qu'un lutteur jette jusqu'à trois fois le gant sans qu'aucun adversaire ose le ramasser. Les combattans n'ont simplement que leur culotte et leur chemise. Ils sont pieds nus et enfoncent jusqu'à mi-jambe dans la boue de l'aire à battre. Les deux champions s'approchent l'un de l'autre en se mesurant des yeux, et en retroussant leurs manches de chemise : «*Allons pautre màd !* disent-ils. (Allons, bon garçon!) «*qüélamme !* (voyons!)» Après cette énergique exclamation, ils s'appréhendent au corps, posent chacun une main sur l'épaule et appliquent l'autre sur les reins de leur antagoniste en s'efforçant de se terrasser l'un l'autre, et en se donnant réciproquement force crocs-en-jambes, lesquels ne tardent pas à faire perdre l'équilibre à l'un des deux joûteurs et à le coucher sur le mortier de la lice.

Au bruit de sa chute, tous les spectateurs crient à la fois : *lamme !* (il a le saut !) *lamme*, *ghère !* (il a reçu le beau saut !) car si le vaincu n'a reçu que le simple saut, c'est-à-dire, s'il n'a pas été renversé sur le beau milieu du dos ; on tient à ce que la lutte recommence pour la satisfaction des assistants et celle même du vaincu qui se retire, aussitôt qu'il s'est vu étendre sur terre de la manière voulue.

On ne cherche jamais à humilier le vaincu, mais de rudes campagnards élèvent le vainqueur sur leurs bras vigoureux, pour le montrer au public et proclamer son triomphe.

Mais la chose n'en reste pas là. Le vainqueur est obligé de lutter une seconde fois contre le premier adversaire qui se présente, et, de vainqueur il devient quelquefois le vaincu. Cependant sa première victoire lui est comptée et il en reçoit le prix. Sa défaite même ne l'empêche pas de défier à la joûte un nouvel adversaire.

Dès que le combat a cessé, le dernier lutteur, qui est ordinairement le plus fort et le plus adroit, est proclamé à l'unanimité, et au milieu des bruyantes acclamations, le vainqueur et le roi de la lutte. Après quoi on le porte en triomphe au lieu du festin public; au son du biniou et de la bombarde retentissante ; puis on le place au haut de la table, sous un arc-de-triomphe formé de branches de chêne et décoré de guirlandes de bluets et de rouges coquelicots.

Cette table, d'une solidité sans égale, a pour dessous les *antipodes*. Une pièce de toile entière, d'une soixantaine de mètres, court de toute sa longueur sur un des sillons du champ le plus voisin et le plus ombragé ; et, afin qu'on puisse s'y placer le plus commodément possible, on a creusé, à la droite et à la gauche du sillon, deux longues fosses latérales, pour y camper les jambes des convives. Cette fois-ci, c'est un repas splendide. Rien n'y manque : bœuf, lard, friandes galettes, pain de seigle et cidre délicieux, que peut-on désirer au-delà ? l'appétit des convives est si bien disposé que notre amphytrion villageois commence à s'apercevoir, non sans beaucoup de satisfaction, qu'il ne sera pas à même de les réinviter à venir manger les restes le lendemain. Voilà, lecteur, ce qu'est la lutte bretonne d'après mon faible pinceau.

La soûle. Chants nocturnes.

Il me reste encore à parler de la *soûle*, du tir à la cible et des chants nocturnes du jour des morts. Le premier de ces exercices a quelquefois des suites bien funestes.

On appelle *soûle* en Basse-Bretagne, une balle de cuir de la grosseur d'une boule à jouer, laquelle est remplie de son, ou de sciure de bois. Elle est fournie par le dernier marié du village, qui l'apporte sur la place publique, porté sur une civière et escorté des joueurs de biniou, et de hautbois. C'est lui qui la lance le premier.

Avant de commencer le jeu, on forme deux partis, et l'on désigne les deux buts (les deux endroits) où, pour remporter la victoire, la soûle doit être logée. A un signal donné, on lance la grosse balle en l'air, le plus haut possible. Aussitôt qu'elle tombe au milieu de la foule, les gens des deux camps opposés courent après en se ruant les uns sur les autres et en poussant de grands hurlements.

Si celui qui s'est emparé de la soûle n'est pas assez prompt à se frayer un passage à travers les *soûleurs*, pour se soustraire à leurs tiraillements, il se voit bientôt enveloppé de toutes parts, et le plus souvent foulé aux pieds; mais s'il a la présence d'esprit de crier : *orelle!* (qui est le cri de grâce) on lui laisse alors la balle, et l'on cesse de l'accabler. Il en est quitte en lâchant la soûle, ou en la jetant en l'air. Alors il lui est loisible de chercher à la saisir de nouveau, si les rudes secousses qu'il vient de recevoir dans la mêlée le lui permettent, ou ne le rebutent point.

On se dispute l'honneur de loger la balle, avec tant d'acharnement de part et d'autre, qu'il s'est souvent écoulé plus de 4 heures avant qu'elle ait été portée au lieu désigné. Voilà ce que l'on appelle chez les Bretons : *soûler*, jouer à la balle; jeu cruel où celui qui s'y livre a quelquefois un membre de rompu ou meurtri.

J'ai peu de choses à dire touchant la cible, on y tire presque toujours par-dessus une rivière. Les paysans qui y sont assez exercés, prétendent que la balle, en passant au-dessus de l'eau, se dérange tant soit peu de sa direction, et ralentit même sa vîtesse.

Je crois, quoique je ne sois pas physicien, que c'est encore-là une simplicité de plus à ajouter à mille autres, car j'ai vu des chasseurs tirer des petits oiseaux par-dessus des rivières, et d'une assez bonne distance, et qui ne manquaient pas pour cela de les atteindre.

C'est par distraction que j'ai attendu jusqu'ici, à dire un mot des chants nocturnes qui ont lieu dans diverses localités de la Bretagne, le jour de la commémoration des morts.

C'est vers minuit, pendant que les habitants se reposent des fatigues du jour et jouissent d'un profond sommeil, qu'une troupe de jeunes Bas-Bretons vont de porte en porte chanter en chœur l'incomparable complainte des fidèles trépassés, et dont voici une faible partie :

Doué heu ène dèze hune degassed
D'hou tihunein mar dock cousqued ,
D'hou tihùne yach d'hou tihùne clan ,
D'he bedein Doué èd ène inéan.

Je fais grâce au lecteur des 29 autres couplets dont je puis avoir oublié quelques uns. Seulement je dirai que les chanteurs, qui se donnent pour des envoyés d'en haut, invitent toute la population endormie du lieu, à se lever et à prier Dieu pour le repos des ames du purgatoire dont, assurent-ils, ils ont rencontré plusieurs sur les chemins, dans un état vraiment pitoyable. A leur voix triste et pathétique, tous sautent à bas du lit et se mettent en prière. Après quoi une servante, munie d'une pyramide de crêpes, va en distribuer une ration à chacun des chanteurs, qui, de son côté, a soin de les arroser copieusement, au cabaret le plus voisin, d'une triple ration de cidre ou de *ghuine-ardante* (vin ardent, c'est-à-dire d'eau-de-vie).

C'est ainsi que les bons Bretons fêtent leurs parents morts ; une fois l'an.

L'hiver, ils ont soin de faire un bon feu avant de se mettre au lit, pour que les *petites* ames du purgatoire viennent s'y chauffer, car plusieurs personnes dignes de foi en ont vu en forme de blanches colombes grelotter sur l'âtre refroidi, faute de cette précaution.

Je n'en finirais pas si je voulais énumérer et mettre à nu toutes les misères auxquelles sont sujets mes compatriotes; mais je crois en avoir dit assez pour satisfaire pleinement la curiosité du lecteur, et lui donner une connaissance suffisante des mœurs armoricaines.

Après tout ce que j'ai dit de désavantageux sur les habitants de l'ancienne Armorique, chacun serait tenté de ne vouloir jamais aller habiter la Basse-Bretagne. Eh bien, qu'on se garde de prendre une pareille résolution, car je puis assurer qu'on est mille fois plus heureux avec ces gens simples qu'au milieu des villes du royaume les plus populeuses et les mieux policées.

Je conseillerai donc à celui pour qui la roue de la fortune ne tourne pas assez favorablement, et qui n'a que 300 francs de revenu, d'aller se fixer dans quelque petite ville maritime de mon pays.

Je peux lui prédire qu'avec cette somme, il vivra

plus heureux en Bretagne qu'il ne le serait, en la quadruplant, dans toute autre province de France. La moindre industrie, au milieu des Bas-Bretons, lui offrirait plus de ressources que partout ailleurs. Une barque et quelques filets, voilà de quoi charmer ses moments de loisir, et faire subsister toute sa petite famille. Il trouvera aussi dans la Bretagne des enfants pleins d'amour et de respect pour leurs parents, des enfants honorant la vieillesse, des hommes d'un commerce sûr et honnête ; en un mot des défenseurs de la religion du *christ* et de vaillants soldats de la patrie.

Si l'on me demande maintenant à qui il faut imputer les préjugés et les superstitions de mes compatriotes, je répondrai à tous, la main sur la conscience, sans fiel et sans prévention aucune ; que c'est au clergé régulier et à la noblesse de l'ancien temps ; car aujourd'hui le clergé et la noblesse rivalisent de zèle, pour les mettre dans la loi du progrès, et leur apprendre à servir Dieu d'une manière digne de lui.

Puis j'ajouterai que tous les gouvernemens qui se sont succédé jusqu'à ce jour n'ont rien fait, ou ont fait peu de chose pour améliorer l'existence morale des Bas-Bretons.

Si l'on me demande encore les moyens à employer pour tirer ce bon peuple de l'état d'ignorance où il languit encore dans le dix-neuvième siècle, dans ce siècle qu'on nomme *siècle des lumières*, je répondrai une chose bien simple et facile à exécuter : c'est de lui apprendre à lire le français. Car le plus grand obstacle à sa civilisation vient de ce qu'il ignore complètement la langue nationale.

Dès qu'il se sera familiarisé avec l'idiome de la patrie, on verra s'étendre le cercle de ses relations avec le reste de la France, et alors s'opèrera dans cette province avancée de l'ouest, la plus belle, la plus digne et la plus douce de toutes les révolutions: celle des mœurs ! (*).

C'est donc à vous, nobles représentants de la Bretagne, d'élever la voix en faveur des malheureux enfants de l'Armorique ; c'est à vous qu'est réservé le bonheur de régénérer cette belle portion de la France, cette valeureuse contrée qui fit jadis trembler les soldats de César et ceux d'Albion, et qui, dans des temps plus modernes, enfanta à la patrie une multitude de héros qui la couvrirent de gloire, et la rendirent la première entre toutes les nations du globe.

SUPPLÉMENT DE CE QUI PRÉCÈDE.

Plusieurs personnes que ces faibles pages ont paru intéresser, m'ont prié d'y ajouter quelques autres faits qu'il importe également de mettre sous les yeux du lecteur.

Je me rends d'autant plus volontiers à leurs désirs, que je regrettais moi-même de les avoir omis.

(*). Il serait aussi à désirer, et dans le même but, qu'il y eût en Basse-Bretagne plus d'entreprises de voitures publiques : car, comme il n'existe encore que peu de *concurrences* dans ce pays pour le service des voitures, les frais de voyage sont exorbitants, et rebutent tous les voyageurs, quelque désireux qu'ils soient d'aller visiter les nombreux ports de mer de cette contrée maritime, ainsi que les monumens druidiques qui s'y trouvent par milliers.

D'autres personnes, aux idées rétrécies et rétrogrades et d'une intolérance excessive, m'ont tout bonnement engagé à en retrancher quelques articles qui, selon elles, ne sont rien moins que favorables à la religion, et qui conséquemment, méritent d'être mis à l'index expurgatoire. Je dois avouer que je ne m'y serais jamais attendu. Quoi! un Bas-Breton cité à la cour de Rome! en vérité, c'est par trop fort, c'est ineffable! Après donc avoir ri de leurs observations vaines et de leurs puériles menaces, j'ai cru devoir protester à ces bonnes ames, qu'aucun des articles incriminés n'est de nature à blesser les mœurs, ni à porter la moindre atteinte à la religion. D'ailleurs le but de cette notice est suffisamment connu, et il est assez évident que l'auteur, qui se réjouit et se fait gloire d'être *chrétien*, n'a voulu tout simplement qu'être un peu historien de son pays, et témoigner à ses compatriotes des campagnes, le bon désir qu'il a de les voir, au plus tôt, entièrement affranchis de toutes les croyances erronnées qui les tourmentent, ainsi que de tous les contes absurdes dont on berce leur bonhomie et leur crédulité.

Je vais donc continuer mes récits sur la Basse-Bretagne; mais si mon style n'est pas du goût du lecteur, s'il l'ennuie, je dois le prévenir qu'à l'âge de 15 ans je ne savais pas un *iota* de français, et, qu'à ce titre, je mérite toute son indulgence et son attention.

Des noces bretonnes.

Les noces des paysans Bas-Bretons ressemblent

peu à celles que l'on célèbre dans les autres provinces de France.

Et d'abord les convives y sont en bien plus grand nombre. Je me suis trouvé à une de ces noces, où l'on comptait 5 ou 600 personnes. C'était une cohue épouvantable, un tintamárre à rompre la tête. A peine si l'on pouvait placer toute cette multitude.

Mais si les chambres et les salles ne suffisaient pas, on en mettait dans les granges, sous les hangars, et jusque dans le grenier à blé.

Mais parlons des cérémonies :

Cinq ou six villageois, aux chapeaux rubantés, munis d'un énorme plat de viandes bouillies, de pain frais, et de plusieurs pichets de cidre, viennent, à l'issue de la messe des épousailles, au devant des nouveau—mariés, pour leur offrir le *tue-ver*.

Le garçon d'honneur (*pautre à hinour*) et la fille d'honneur (*verhk à hinour*) prennent aussi part à ce léger repas, qui se fait debout et sur la place la plus voisine de l'église.

Après le tue—ver, les joueurs de biniou et de hautbois jouent des gavottes et des rondes, et tous les gens de la noce entrent en danse. Rien de plus curieux à voir que cette grave réception faite aux nouveaux époux : c'est à ravir.

Les danses continuent jusqu'à midi, et en plein air, si le temps est beau. Dans le cas contraire, les salles de danse sont les halles, ou quelque vaste écurie qu'on a eu soin de nettoyer pour y recevoir les danseurs. Comme on doit s'en apercevoir, les villageois bretons viennent quelquefois à la ville faire leurs noces. Et à ce sujet, un aubergiste, moyennant une certaine somme, se charge d'apprêter les repas et d'héberger sous son toit les nouveau-mariés, ainsi que leurs plus proches parents.

Le repas du jour a lieu à une heure. Il consiste en un seul service. Ce sont, tout modestement, de grands plats de lard et de bœuf bouillis ensemble. On y boit de copieuses rasades de cidre ou de poiré, et les chants retentissent de toutes parts.

L'appétit des convives leur permet de rester à table jusqu'à 5 heures du soir ; c'est-à-dire jusqu'à ce que toutes les masses de viandes servies au dîner, soient entièrement consommées.

Au sortir de cette *honnête* séance, et à peu près vers 5 heures, on évacue les appartements pour se livrer de nouveau à la danse.

A 8 heures du soir a lieu le souper qui ne diffère en rien du premier repas, si ce n'est que des marchandes de petits gâteaux anisés (*catève*) viennent, le long des tables, en vendre aux gens des noces qui en mettent en pièces une assez bonne quantité.

Deux personnes font tourner conjointement un de ces petits gâteaux dans leurs mains, le rompent et en prennent chacune un morceau. Celle des deux à qui échoit la fève, est tenue de le payer.

Avant le repas, le plus ancien et le plus vénérable de l'assemblée dit à voix haute le *bénédicité*. C'est aussi lui qui dit les *grâces*, après le repas.

J'oubliais de dire que les chandeliers placés sur

les tables du banquet nuptial, ne sont autre chose que de petites terrines pleines de son, dans lesquelles on arbore des chandelles allumées. Les mouchettes sont celles d'un corps-de-garde, le pouce et l'index.

A 10 heures du soir, et après les adieux réciproques des convives, on annonce la clôture de la fête. La noce finie, tous les bons campagnards, plus ou moins ivres, regagnent leurs chaumières en chancelant, et toutefois en chantant comme des séraphins.

Noces du second ordre, dites noces bourgeoises.

En Basse-Bretagne, on entend par noces bourgeoises celles des gens qui, quoique bretonnant, parlent aussi français. Ces personnes sont, en général, aussi civilisées et aussi proprement vêtues qu'on l'est dans les autres parties de la France.

Ces noces se font fort bien. On y sert tout ce qui constitue un bon repas. Comme le vin est assez cher dans le pays, on en boit fort peu et seulement au dessert, mais en revanche on y boit du cidre des Dieux, du véritable nectar.

Le premier jour, ce sont les demoiselles qui servent à table; le second, ce sont les jeunes gens.

Ce qu'il y a de singulier et de comique dans ces noces du second ordre, c'est que le second jour, les nouveau-mariés ne fournissent aux convives que le pain et le cidre.

Chaque particulier apporte au festin le mets qu'il a préparé, et tout se mange en commun, l'un fournit un poulet rôti , un autre apporte une perdrix ; un troisième , un lièvre en civet ou à la broche ; un autre, une bécasse ; un autre, un tronçon de saumon ou une tranche de jambon , etc. etc. C'est une bigarrure gastronomique telle qu'on en voit rarement.

Les joueurs de bombarde et de musette sont aux frais des jeunes gens, le dernier jour des noces.

Mais je n'assurerai pas que tout ce que je viens de dire des noces bretonnes se pratique également dans toutes les localités. Il doit en être des noces , comme du langage et des coutumes qui varient de bourgade en bourgade , de commune en commune , suivant les distances plus ou moins grandes qui les séparent.

Quant aux noces des grands , il est inutile de m'y arrêter , attendu qu'elles se font absolument comme dans toute la France. Il n'y a que des personnes plus distinguées qui , dans la Basse-Bretagne, dansent au son du violon. (*).

(*) Au sujet des noces bas-bretonnes , je lis dans la *France Pittoresque* , par A. Hugo , article du finisterre ; page 50, ligne 59 : « Après les noces , les mariés , les garçons et les filles d'honneur couchent ensemble la première nuit. »

En vérité , je ne sais où cet estimable écrivain a été puiser de pareils documents ! On serait tenté de croire que c'est un rêve de l'auteur ; et si ce n'en est pas un , c'est toujours une erreur bien grave que je dois relever dans l'intérêt , et pour l'honneur du sexe armoricain ; car A. Hugo dit ailleurs , page 82, ligne 22 : « Les efforts pour conduire la mariée à la maison conjugale sont souvent cause que ses vêtemens sont déchirés , ce qui est pour elle un titre d'honneur , car plus une fille , dans cette occasion , fait de résistance , plus elle passe pour vertueuse dans le canton , et plus son mari croit avoir droit de compter sur sa fidélité. C'est d'ailleurs avec raison , car les paysannes bretonnes se recommandent par la pureté de leurs mœurs et la chasteté de leur conduite. » Après cela , lecteur , conciliez si vous le pouvez , les deux articles de l'auteur de la *France Pittoresque* où se sont glissées quelques autres erreurs , sur la basse-bretagne.

La fête aux boudins.

(feste er godiguéneuve).

La fête aux boudins ! va s'écrier le lecteur peu au fait des coutumes armoricaines ; voilà , certes, quelque chose d'original. En vérité, c'est impayable ! c'est impayable , lecteur ? eh bien ! cette fête , ne vous en déplaise , a cependant lieu dans les campagnes de la Basse-Bretagne , et , à cet effet , on fait des invitations comme à une noce.

On tue une petite génisse grasse et un porc d'une énorme grosseur. On mêle le sang des deux animaux avec beaucoup de lait doux. On y met poivre, sel et des ognons hachés bien menus ; ensuite on en fait des boudins dont les campagnards bretons sont très-friands.

On sert d'abord du lard et de la génisse ; puis viennent les boudins, puis, en dernier lieu, quelque chose de plus exquis et de plus succulent : ce sont des tripes fricassées au beurre et dru–saupoudrées de sucre ou de cassonade. Le lendemain de la fête , le métayer fait porter un plat de ces mets à ceux des conviés qui n'ont pas pu l'honorer de leur présence. Ce trait seul suffirait pour faire connaître son bon cœur.

Du berger de nuit.

(er bégul nôze.)

C'est ainsi que les Bretons désignent un être imaginaire, un prétendu génie malfaisant qui parcourt les campagnes aussitôt que les ombres de la nuit sont descendues sur la terre. Malheur alors au voyageur téméraire qui chemine seul après minuit ; car s'il est rencontré par le *begul nôze*, celui-ci l'accable de questions effrayantes et lui fait subir mille tortures qui le mettent dans l'impossibilité de regagner son gîte, et le rendent mélancolique, le reste de ses jours.

Heureux donc, dans cette fatale rencontre, oui : heureux mille fois celui qui porte sur soi un petit rosaire ; car alors s'évanouit, *mais non sans retour*, toute la puissance du maudit *begul nôze*, et le voyageur nocturne n'a plus rien à craindre dans sa route.

Les paysans bretons ont la simplicité de croire que c'est *le berger de nuit* qui a contourné la taille des jeunes filles, ou qui les a rendues bossues.

Mais, à propos de bosse, je dirai que c'est une difformité très-rare en Basse-Bretagne où les jeunes personnes ignorent jusqu'au nom du corset, ce bourreau du beau sexe.

La Belette.

Aux yeux des Bas-Bretons, c'est une bête bien redoutable et bien cruelle que l'innocente et gentille belette !

Ils craignent beaucoup plus sa morsure que la piqûre du venimeux aspic : Et c'en est fait de celui qui en a été mordu, s'il n'a recours, (avant cette petite bête), au suc salutaire d'une feuille de digitale dont il frotte sa blessure ; et ensuite à une immersion dans l'eau froide, de la partie offensée.

Je dis : s'il n'a recours avant ce petit quadrupède;

4.

car mes bons compatriotes croient, à n'en pas démordre, que la belette court à la digitale pour en mâcher la feuille, et au premier filet d'eau qu'elle aperçoit, pour en boire, et s'en gargariser la bouche.

C'est donc à qui sera le plus diligent, de l'homme ou de la belette, à se procurer le remède dont je viens de parler, car chacun d'eux sait, l'homme comme l'animal, que son salut dépend absolument de sa priorité en cette circonstance. Point de milieu ! il faut que l'un ou l'autre périsse, et c'est toujours le dernier à se remédier qui meurt. Heureusement, il n'en meurt guère.

O mes bons compatriotes ! j'aime à penser que vous êtes maintenant guéris de ces vaines terreurs ; ce que je vous souhaite du plus profond de mon ame.

Le petit pain de Noël. (*Bara nédellec.*)

Les bons métayers de certains cantons de la Basse-Bretagne boulangent, à l'occasion de la nativité du sauveur du monde, une très-grande quantité de petits pains de seigle, du poids d'une demi-livre, lesquels ils distribuent aux pauvres qui parcourent en foule les villages, pour aller implorer leur assistance. Et c'est pour cela qu'on les appelle *petits pains de Noël.*

Chaque pauvre en reçoit pour sa part jusqu'à 400; ce qui suffirait pour faire subsister sa famille indigente pendant une quinzaine de jours, si la moisissure ne s'en emparait au bout d'une semaine.

Les fermiers nomment ces petits pains : *pains de bénédiction.*

Divertissement du dimanche de Quasimodo.

Il existe en Basse-Bretagne une sorte de jeu auquel se livrent , le dimanche de la *quasimodo* , les habitants de quelques petites villes du département du Morbihan.

Ce divertissement est si bizarre, que le lecteur n'admettra que comme fabuleux le peu de mots que je vais en dire, quoique la chose soit réelle , et connue de beaucoup de voyageurs.

A l'issue des vêpres , on s'assemble dans différents quartiers de la ville, et l'on y apporte le rebut de toute la poterie en usage dans les cuisines , tels que : pots fêlés , écuelles, cafetières , soupières, etc. Toutes ces munitions étant rendues sur place , les joueurs, filles et garçons , forment un grand cercle , et se placent à la distance, l'un de l'autre , de 3 à 4 mètres ; et ce , de manière qu'il y ait toujours une fille entre deux garçons. Les choses ainsi disposées , on commence le jeu lequel consiste à se jeter les uns aux autres , un pot fêlé ou une vieille soupière. Celui ou celle qui manque de le saisir au vol ou plutôt au jet , reçoit une petite correction appelée *bascule*. Si c'est une fille qui a fait la faute, deux garçons la prennent le plus décemment du monde, l'un par les pieds et l'autre par les bras. Après quoi ils lui frappent doucement le postérieur six fois sur le carreau.

Si c'est un jeune homme qui a délinqué , ce sont les demoiselles , à leur tour , qui donnent la correction. Ce singulier divertissement ne cesse qu'à la chute du jour.

Les chercheurs de trésors, en Bretagne.

J'aurais dû passer sous silence le fait suivant qui n'est pas de nature à intéresser beaucoup le lecteur. Toutefois, je veux l'entretenir un moment des chercheurs de trésors enfouis, et des mystifications continuelles que leur attire leur étrange crédulité. C'est ordinairement sur la foi de contes absurdes, et de prétendues révélations, que des hommes de la classe indigente parcourent nuitamment les campagnes, dans l'espoir de s'enrichir promptement, par quelque miraculeuse trouvaille.

Un jour, leur assure-t-on, et ce, pour exciter leur cupidité, un jour de la semaine dernière, et la chose est véritable,.... il faisait un beau clair de lune !... le père *La Bonté* a vu de ses propres yeux, au milieu des quatre chemins du village, et près de la croix de la forêt, un drap-mortuaire étendu sur le gazon, et couvert de piles de louis d'or et de pièces blanches !

Une bête, horrible à voir, gisait et faisait sentinelle à quelques pas de là ; et, de sa gueule béante sortaient de nombreuses étincelles et des flammes verdâtres. Des milliers de fresaies, de chauves-souris et de hiboux voltigeaient autour du monstre, et troublaient, par leurs cris lugubres, le silence de la nuit.

Effrayé de cet affreux spectacle, le pauvre père *La Bonté* a voulu prendre la fuite ; mais une main invisible s'est appesantie sur lui et l'a retenu. Puis il a entendu ces paroles extraordinaires.

« O mort ! toi que Dieu envoie dans ces lieux, à l'heure où tout repose dans la nature, et où les ombres de ceux qui ne sont plus se glissent légères à travers ces bocages silencieux ; apprends qu'au milieu de ce bois solitaire existait jadis un ancien castel dont les riches et puissants seigneurs furent toujours durs envers les pauvres, et insensibles à leurs supplications. Mais sache aussi que, pour les punir de leur sordide avarice, Dieu fit tomber sa foudre sur leur palais où ils périrent, dévorés par les flammes, et maudits de tous ceux dont ils furent les cruels oppresseurs....»

Puis l'esprit a ajouté : « Au pied de cette croix champêtre, et bien avant dans le sol, sont enfouis, depuis mille ans, trois gros barils remplis de louis d'or... Hélas ! une seule pièce de ce trésor, ou plutôt une seule messe suffirait pour désarmer la colère de Dieu, et alléger les tourments que nous endurons dans l'autre monde ; mais, bon mortel ! je dois t'avertir qu'il n'y a qu'un habitant de ce monde terrestre, à qui il soit donné de nous procurer ce soulagement...»

« Tu seras notre commun libérateur, ô vertueux vieillard ; car, toi seul dans la contrée peux fléchir le courroux du Dieu que nous méconnûmes, et que notre coupable avarice arma contre nous. »

« Et, à cet effet, voici la tâche que je t'impose, et que je te conjure de remplir fidèlement : c'est de venir un jour de *vendredi*, et à minuit sonnant, faire une fouille sous les dégrés de cette croix isolée. Tu pourras t'associer cinq ou six pauvres, honnêtes, et par-dessus tout, d'une piété exemplaire ; car ce sont les indigents qui doivent profiter aujourd'hui du fruit de nos rapines et de nos injustices d'autrefois.

« Écoute, pour la dernière fois ; car l'heure approche ; le moment vient où je vais retourner dans ma redoutable prison, ne perds donc pas une syllabe de ce que je vais t'indiquer. »

« Lorsque vous serez arrivés près de la croix, le spectacle d'aujourd'hui s'offrira encore à vos regards ; mais il ne faudra pas vous en effrayer, car rien de malencontreux ne vous arrivera. Munis, chacun d'un outil, vous creuserez la terre *sans mot dire*, retiens bien ces derniers mots, car, du silence absolu dépendra le succès de l'entreprise ; et, si vous exécutez ponctuellement ce que je prescris de faire, je vous donne pour certain qu'en peu de jours vous vous verrez possesseurs de riches et magnifiques trésors ; mais alors souvenez-vous de nous, priez pour nous. »

À ces mots la voix de l'esprit a cessé de se faire entendre, le drap-mortuaire s'est envolé par-dessus la forêt, au milieu des hiboux et des chauves-souris, et la bête a fait entr'ouvrir la terre laquelle l'a engloutie, elle, et toutes les richesses qu'elle avait étalées. Et alors s'est fait un grand calme dans ces lieux d'épouvante et d'horreur.

Voilà, lecteur indulgent, un très-faible échantillon des mille et un contes merveilleux dont on amuse les dénicheurs de trésors, en Basse-Bretagne ; et, simples qu'ils sont, ils y ajoutent foi, comme à des articles d'évangile.

L'expérience devrait cependant leur dessiller les yeux à cet égard ; car jamais une seule de leurs expéditions nocturnes n'a contribué à leur donner une

obole de plus. Pauvres ils y vont, pauvres ils en re-
viennent. Et quand quelque malin les questionne,
sur l'issue de leur promenade mystérieuse, ils lui
disent tout sérieusement que la chose a manqué,
parce qu'ils n'ont pas su garder le silence tant re-
commandé par le fantôme.

Bibliothèque du paysan bas-breton.

La bibliothèque du Bas-Breton, quant au nombre
des volumes, est fort mesquine ; mais quant au choix
des ouvrages, il peut se flatter d'avoir les meilleurs
livres du monde.

La bible, l'ancien et le nouveau testament, un eu-
cologe, les vies des saints, un recueil de cantiques,
un catéchisme du diocèse, l'imitation de Jésus-Christ ;
voilà les trésors inestimables qui la composent ; voilà
les livres qu'il consulte à tout moment, et où il puise
le bonheur, la vie et l'espérance.

Mais jamais la lecture d'un roman ne fit tourner la
tête à une paysanne bretonne. Elle connaît trop bien
ses devoirs pour s'occuper de ces frivoles et dange-
reuses pages ; de ces livres enfantés par le délire des
passions ; en un mot, de ces productions coupables
où l'on reconnaît le chrétien déchu qui les a mises au
jour, pour le malheur des familles. (*).

(*). A quelques rares exceptions, on convient que tous les
romans sont mauvais. C'est à la plûpart de ces livres qu'on attribue
la cause des mauvais ménages et des suicides qui se multiplient
dans la société, d'une manière effrayante.

Mais tout en approuvant la conduite sage et louable de mes compatriotes, dans le choix de leurs livres, je désirerais néanmoins qu'ils sussent tous lire en français, et qu'ils eussent continuellement sous les yeux un excellent traité d'agriculture, une bonne géographie, un traité d'aréage (arpentage), un traité de mécanique ; et d'autres ouvrages non moins utiles aux habitants des campagnes. Je ne terminerai point cet article, puisqu'il traite des livres, sans dire au lecteur que les mères de famille de l'Armorique font assez souvent des lectures pieuses à leurs enfants ainsi qu'à toutes les personnes de la maison ; et que cette heureuse coutume, qui maintient la concorde dans les ménages, n'est due qu'à l'influence salutaire des vénérables ecclésiastiques qui dirigent leur conduite spirituelle.

Je dirai aussi, à la louange de ces derniers, que les prêtres bretons se mêlent volontiers aux amusements de leurs paroissiens, toutes les fois que les devoirs de leur saint ministère le leur permettent, et que, grâce à leurs bons conseils, les procès sont fort rares dans le pays, et les superstitions moins communes qu'autrefois.

Un mot sur les prêtres bretons.

Le prêtre bas-breton laisse rarement tomber de ses lèvres des paroles mondaines. Entièrement à Dieu, et exclusivement occupé de ses devoirs de pasteur, il ne pense qu'au salut des ames dont on lui a confié la direction.

Il vit retiré dans son humble presbytère, comme un ermite dans sa profonde solitude. Sa table est des plus frugales, et son vestiaire, des plus pauvres ; mais les indigents sont mieux vêtus et souffrent moins de la faim.

Il partage sa glane avec ceux qu'il appelle les membres souffrants de Jésus-Christ, et emploie une partie de son casuel à opérer toute sorte de bien.

Les murs de ses appartements ne sont pas décorés de riches tapisseries, et le lit où il repose n'est ni beau ni moelleux ; car il se rappelle sans cesse la crèche du sauveur du monde.

Souvent il quitte le linge qu'il porte sur son corps et la chaussure qu'il a aux pieds, pour les donner à celui qui n'en a point. Il n'a point l'esprit mercantile comme quelques uns de ses confrères des autres provinces, et il laisse la culture des terres aux habitants des champs.

D'ailleurs, il sait que les travaux manuels sont peu en harmonie avec les devoirs que lui impose son saint ministère : sa moisson à lui est celle des bonnes œuvres, et ses plus doux passe-temps ; l'étude de la théologie et des saintes écritures. Mais, malgré cette vie austère et angélique, il prend part volontiers, comme je l'ai dit ailleurs, aux divertissements honnêtes de ses bons paroissiens. Toutefois, ceci n'a lieu que dans la belle saison, et dans une après-dînée d'un jour de fête solennelle.

Je ne terminerai pas cet article sans dire, avec toute la joie que j'en ressens, qu'on voit peu de prêtres interdits dans la basse-bretagne, et qu'il m'a fallu quitter mon pays pour en voir de mariés.

FAITS DIVERS.

Éclairage des maisons champêtres.

Dans presque toutes les chaumières de la basse-bretagne , on ne fait usage que de chandelle de résine.

Un morceau de bois fendu par un bout , et planté dans l'intérieur de la cheminée, fait l'office de lustre, et supporte le flambeau fumant.

Comme ils en mettent aussi sur la table pendant le souper , et la lecture des longues veillées d'hiver , tout l'intérieur de l'appartement est noir comme du charbon ; et , ce n'est que dans un cas extraordinaire qu'ils brûlent de la chandelle de suif , appelée en celtique *goleuve suève.*

Un jour, ayant demandé à un paysan pourquoi sa chandelle de suif était si sale , il me répondit qu'il n'y avait pas lieu de s'en étonner , attendu qu'il s'en servait depuis cinq ans, puis il ajouta qu'elle serait encore bien plus malpropre dans la suite. Il n'est pas inutile de dire qu'il n'y en avait encore que la moitié de consommée.

Vêpres des morts.

En Basse-Bretagne, un prêtre va chanter les vêpres au domicile du défunt , et au pied même de son lit funèbre.

Trous percés dans les tables pour tenir lieu d'écuelles.

Ceux qui ont assuré que les Bretons mangent dans ces prétendus trous ont parlé contre la vérité.

Soupe au sain-doux.

Les bretons ne mangent pas de soupe au vieux-oing, comme on le dit avec malignité ; mais ils mangent de la soupe au sain-doux. Lorsque le sain est bien cuit, on l'écrase avec un peu de sel et de poivre, puis on le verse dans le bouillon.

Lacération du drapeau placé au sommet de l'arbre du feu-de-joie.

C'est une chose bien amusante de voir les paysans bretons se disputer avec acharnement l'honneur d'attacher à leurs grands feutres une bandelette du drapeau du feu-de-joie.

A cet effet ils y lancent des tricots qui en déchirent des pièces dont les pélerins cherchent à s'emparer en se ruant les uns sur les autres.

Beaucoup de personnes se trouvent plus ou moins blessées par les bâtons qui volent de toutes parts, et qui leur tombent sur la tête, si elles n'ont pas soin de s'éloigner.

La boisson par excellence des paysans bas-bretons est l'eau-de-vie. Ils en boivent souvent outre mesure, et en si grande quantité, qu'on en rencontre qui sont presque à demi-morts, et que l'on est obligé d'enterrer quelques heures dans un fumier chaud, pour les rappeler à la vie.

Ils boivent aussi un breuvage nommé eau-vulné-raire et qu'il serait mieux, à cause de ses qualités nuisibles, d'appeler *eau-vulnérante*. Cette boisson n'est autre chose que de l'eau-de-vie légèrement aromatisée. Le Breton boit aussi de l'hydromel ; ce breuvage occasionne un mal de tête à ceux qui en font excès.

Remèdes employés par les Bas-Bretons.

Quand les Bretons sont harassés par un long voyage, ils se frictionnent les jambes avec de l'eau-de-vie, et y appliquent des compresses imbibées de cette liqueur.

Dans de graves indispositions, ils ont recours à la *boule d'acier* qu'ils regardent comme une panacée universelle. Ils en font dissoudre une certaine quantité en la roulant, ou plutôt en la frottant dans un bowl d'eau-de-vie qu'ils avalent ensuite avec la plus grande confiance possible , et beaucoup d'individus se font malades pour humer du *guïne ardante*.

Ils arrêtent les progrès de la dyssenterie en buvant du lait doux dans lequel ils ont plongé du fer ou de l'acier rougi au feu.

Maladies ordinaires de la plûpart des paysans Bretons.

Les maladies, en quelque sorte, endémiques aux paysans bas-bretons , sont la *charmante* et l'hydropisie ; et, comme ils sont prévenus contre la vaccine, (malgré ses effets salutaires), la petite vérole exerce ses funestes ravages sur leurs malheureux enfants et les rend hideux à voir.

Salaire du journalier bas-breton.

Le pauvre journalier breton ne peut gagner par jour que 80 centimes, sur quoi il est obligé de se nourrir lui, sa femme et ses infortunés enfants.

Aussi, je ferais la gageure que, si les Bas-Bretons parlaient français, on en verrait bientôt des peuplades entières émigrer dans les autres contrées de la France, où le mercenaire est plus généreusement récompensé de son pénible travail.

Superstition unique en son genre.

Jamais le paysan breton n'entame son pain qu'il n'y ait fait auparavant une croix, avec la pointe de son couteau. Il croit aussi que, s'il le pose sens dessus dessous, sur la table, les ames du purgatoire ressentent de bien plus vives douleurs par ce renversement; mais ce qui révolte le bon sens, c'est qu'il a la bonhomie de croire qu'un crin que perd une cavale pendant sa gestation, et qui tombe dans un petit courant d'eau, devient hydrophylle au bout de quelque temps, et que ce serpent, s'il reste invisible à l'homme, pendant sept ans, devient à son tour dragon, ou hydre à sept têtes.

Quand il se signe avec un morceau de pain bénit, il n'oublie jamais de se l'appliquer dévotement sur les yeux, les joues et les tempes; après quoi il le mange dans l'église. Cette mastication dans le temple, durant quelques minutes, et pendant que le prêtre célèbre, est une particularité assez plaisante.

Cérémonie du 1er mai.

Le premier mai, tous les Bas–Bretons indistinctement décorent leurs croisées, en dehors, de branches de hêtre ou de bouleau au feuillage naissant ; et ce, probablement par allusion aux israélites qui avaient marqué leurs portes, du sang de l'agneau ; afin que l'ange exterminateur, dans son passage redoutable , épargnât leurs premiers-nés.

C'est aussi au commencement de ce beau mois , qu'ils suspendent au–dessus des rues, des couronnes et des globes de verdure mêlée aux fleurs des prairies; et qu'ils plantent dans les places publiques des arbres avec tout leur feuillage.

Procession de la Saint–Marc.

A la Saint-Marc , et au retour de la procession qui a lieu ce jour-là, chacun s'empresse d'aller planter aussi dans ses terres une branche feuillue de saule ou de hêtre , qu'il a soin de bien asperger d'eau-bénite ; et le bon villageois s'imagine que ce rameau est un puissant préservatif contre la grêle , la gelée, le tonnerre , et d'autres fléaux qui ravagent ses guérets.

Il arrose également d'eau bénite l'énorme bûche de Noël qu'il a mise au feu avant la messe de minuit ; et, le samedi-saint, il va au temple chercher du feu nouveau (*tan neuvé.*)

Education militaire des Bas–Bretons.

Bien des gens prétendent qu'il faut trois ans pour former tout-à-fait au métier des armes les paysans bas–bretons.

Pour moi, je trouve que c'est beaucoup exagérer ; car j'en ai vu qui étaient devenus bons soldats au bout d'une année de service, et qui l'eussent été en bien moins de temps, s'ils eussent compris le français. D'ailleurs, qu'on questionne là-dessus quelques sous-officiers instructeurs. Ils diront qu'effectivement ils ont bien de la peine à façonner les conscrits bas-bretons ; mais que, grâce à la bonne volonté de leurs élèves, ils en font des soldats très-instruits en moins d'un an.

J'en ai vu passer à l'école de bataillon, seulement après huit mois d'exercice, et qui manœuvraient avec autant de justesse que nos plus anciens militaires.

Tous ceux qui ont servi avec des Bas-Bretons diront aussi qu'il est rare que ces derniers oublient le mot d'ordre, ni celui de ralliement ; mais qu'ils exécutent au contraire, le plus scrupuleusement, la consigne qu'ils ont reçue.

De dire qu'ils sont propres, aussitôt après leur arrivée au régiment, ce serait, j'en conviens, une grande témérité de ma part ; mais ne voit-on pas des jeunes gens des autres parties de la France qui sont aussi sales que les recrues du pays armoricain ? Au reste, les Bretons sont de braves soldats, et il y a fort long—temps qu'ils en ont la réputation bien méritée. Nulle province du royaume ne fournit à l'état autant d'habiles marins, que la bretagne ; ni plus d'hommes pour nos armées de terre.

Son inscience absolue de la langue nationale rend le pauvre soldat bas—breton timide avec ses camarades, et imprime à toutes ses démarches un air gauche et bizarre. Mais, dès qu'il peut articuler quelques mots français, c'est un tout autre personnage ; car il est alors plein de feu et de bravoure, et propre aux plus grandes actions.

Cependant il déteste et méprise souverainement les duels qu'on ose appeler du beau nom de *parties d'honneur* ; et , si on le voit quelquefois dans un champ-clos , c'est uniquement pour soutenir sa réputation de soldat sans peur ; car , encore une fois , il maudit ces sortes de combats où souvent le courage est sacrifié à l'adresse, à un coup de jarnac.

« *Me garché guël mervele mille guëhh hi combattein vaillammand èd m'ème bro, avèd une dorein ine duèle péhani e zo une dra contrère de zoué ac réprouvèd dré ol ène dùd mâde.* »

« J'aimerais mieux, dit-il, mourir mille fois en combattant vaillamment pour ma patrie , que de me battre en duel qui est une chose abominable aux yeux de Dieu , et réprouvée de tous les gens de bien. » Paroles vraiment nobles et dignes d'admiration ; surtout dans la bouche de ceux qu'on ose qualifier si gratuitement de *sauvages*.

Antipathie des Bas-Bretons pour les Anglais.

Presque tous les habitants de la France, à l'exception de quelques misérables anglomanes, ont aujourd'hui une aversion bien prononcée pour les Anglais ; et en cela, grâce à Dieu, ils commencent à avoir des imitateurs chez tous les peuples du monde connu.

Mais la haine du Bas-Breton pour cette nation perfide et égoïste date de plus loin : c'est une haine héréditaire chez les Armoricains, une haine vivace et invétérée. Aussi les enfants de l'Armorique n'oublieront-ils jamais les longues guerres que leurs nobles aïeux eurent à soutenir contre eux, ni les maux de tous genres dont ils accablèrent leur malheureux pays ; alors que la bretagne seule, ce petit duché d'autrefois, luttait avec tant de courage et de persévérance contre les agressions multipliées de cette première puissance des mers.

Bretons ! vivons dans l'espérance pour notre postérité. Encore cent ans, et c'est beaucoup, et l'Angleterre, cette race déloyale, cette ennemie du genre humain sera rayée de la liste des nations européennes ; ce qu'à Dieu plaise ! pour la sécurité et le bonheur des autres peuples de la terre.

Différence dans le langage, *entre un Bas-Breton sachant bien lire le français, et un habitant d'une autre province, doué du même talent.*

En général, les Bas-Bretons qui savent bien lire le français le parlent aussi plus correctement que ne le font les gens du peuple, dans les autres provinces du royaume. Il est bien rare qu'on les entende tronquer les mots. Ils appellent toujours chaque chose par son nom. Les jeunes soldats qui disent : *ma colonel, ma capitaine, ma sergent, ma caporal etc.* sont tout-à-fait illettrés : ce sont des villageois qui n'ont entendu parler français que depuis leur arrivée au régiment ;

ensuite ils ont cela de commun avec les Allemands qui disent : mon petit femme , son tête , son queue etc.

Mais ceux qui lisent bien ne diront jamais , comme dans d'autres contrées : un *pabot* , pour : pavot ; une *vermine* , pour : une vipère , ou tout autre reptile ; une *panache* , pour : un panache ; un *caution* , pour : une caution ; mon *collation* , pour : ma collation ; *deméshui* , pour : désormais ; *vantié bien* , pour : peut-être bien ; les *métives* , pour : le temps de la moisson ; une *souris-chaude* , pour : une chauve-souris ; des *nentilles* , pour lentilles etc. etc. et ce , parce qu'ils se donnent la peine de consulter , au besoin , le dictionnaire de notre langue.

Mais , quant à leur manière de prononcer , tout le monde sait qu'ils traînent beaucoup les syllabes. Ils prononcent *venu* , *soutenu* , *cheval* , comme s'il y avait plusieurs mots : *ve-nu* , *sou-te-nu* , *che-val*. Ils prononcent le *b* , comme p : la barbe , *parpe* ; robe , *rope*. L's , comme c : épouse , *épouce* , valise , *valice*. Ils font longue la voyelle *a* , dans tous les mots où elle se trouve : table , *tâble* ; savon ; *sâvon* ; malade , *malâde*. Ils prononcent la syllabe *au* , comme l'*o* du mot notre ; ainsi il ne prononcent point mauvais (*môvais*) ; royaume (*royôme*) ; ils prononcent vivement : *môvais* , *royôme*.

Presque tous les Bas-Bretons , ont la voix sonore et chantent bien. Aussi les chœurs des églises de la Bretagne sont-ils bien montés. Je ne prétends cependant pas qu'ils chantent tous bien. Je dis presque , car ce serait faire mentir le vieux proverbe qui dit qu'il n'y a pas de règle sans exception. On croit , en

Bretagne, que l'usage du vin grossit la voix. Pour moi je pense que c'est un préjugé.

Force physique des Bas-Bretons.

Les Bas-Bretons, quoique d'une taille peu élevée, sont forts et vigoureux. Ajoutons à cela qu'ils sont intrépides, et prompts à s'irriter. Aucune considération ne les arrête, dès qu'il s'agit de venger un affront; et jamais ils ne calculent les chances qu'ils ont à courir en attaquant des gens qui paraissent bien plus robustes qu'eux. J'en ai vu qui venaient d'être roulés dans la poussière, qui avaient la figure meurtrie et tout ensanglantée, se remettre un instant de leurs rudes secousses, et revenir à la charge avec plus d'acharnement qu'auparavant, et, ce qui est plus fort, sortir victorieux de la seconde lutte.

Les marins bretons sont les plus terribles dans leurs batteries.

Les coups de tête enfoncent tout.

Il est bon de dire que les Bas-Bretons attaquent rarement les premiers; mais malheur aux agresseurs qui leur tombent sous la main! Toutefois, je dois dire, à la louange de mes compatriotes, qu'ils épargnent presque toujours un ennemi faible, et qu'ils l'emmènent à la première taverne, boire la coupe de réconciliation.

Les Bas-Bretonnes n'ont pas l'humeur moins belliqueuse que les hommes; et je le sais par expérience. J'en ai vu qui appliquaient assez adroitement un coup de poing; et même, au besoin, un bon coup de tête.

Charivari pour un homme qui a été battu par sa femme.

L'homme qui a été battu par sa femme (et ceci n'arrive que trop souvent pour l'honneur du sexe Armoricain) devient l'objet d'une cérémonie tout-à-fait singulière et à la fois très humiliante pour lui. Un mannequin est placé dans une charrette tirée par des femmes, au visage réjoui. Un homme armé d'un bâton, et monté dans la voiture, frappe d'intervalle en intervalle, des coups de bâton sur un vieux bât dont est sellé le mannequin, en disant à haute voix : Je suis ici pour un tel qui s'est laissé battre par sa femme, et que nous décorerons demain d'une quenouille et d'un fuseau : oui ! oui ! répondent à la fois tous les assistants ; car il n'est pas digne d'être homme. Après quoi commence un charivari épouvantable et dans toutes les règles.

Mon dernier mot à mes compatriotes.

De tous les écrivains qui ont écrit sur l'Armorique (je n'excepte même pas ceux qui y ont reçu le jour), pas un n'a encore pris à tâche de s'intéresser aux pauvres Bas-Bretons.

Châteaubriand, cet aigle de la belle littérature, s'est bien illustré par ses ouvrages immortels ; et l'on sait comme tout s'est embelli sous sa plume d'or. Sa brillante et féconde imagination a parlé à tous les cœurs, les a émus, entraînés, ravis même d'admiration. Il a puissamment contribué au bonheur de tous, par sa doctrine douce et persuasive ; mais , je ne sais par quel oubli, il a négligé les Armoricains ses compatriotes. Ceux-ci n'ont entendu parler que de sa célébrité littéraire ; et voilà tout.

Ils avaient droit de s'attendre à mieux de l'illustre auteur du génie du christianisme, qui aurait plaidé plus éloquemment en leur faveur.

Lamenais (*), le grand philosophe du siècle, le faiseur de fausses génuflexions, le pélerin de Rome, le prêtre démagogue n'a rien fait non plus pour ses compatriotes; que dis-je ? Ce trop célèbre apostat les a profondément affligés par sa désertion déloyale et scandaleuse à la fois. Plût à Dieu qu'il n'eût jamais vu le jour dans la Bretagne, sur cette terre d'honneur et de loyauté, sur cette terre presque encore vierge de trahison et d'hypocrisie.

Cette antique province, éminemment chrétienne, et riche en beaux souvenirs ne le compte plus déjà au nombre de ses enfants. Il l'a déshonorée par ses écrits impies et incendiaires. Mais la france chrétienne prie pour lui et s'afflige en même temps de ses funestes et coupables erreurs. Ah! que ne consacre-t-il le reste de ses vieux jours à réparer, s'il le peut, tout le mal que son ambition a fait à la société, ainsi qu'au corps respectable dont il est aujourd'hui un indigne membre.

Pour moi, mieux disposé que ces têtes savantes qui ont autre chose à faire pour leur renommée d'auteurs,

---

(*). Je déclare que je n'attaque, dans cet article, que les principes du grand écrivain, qui tendent tous à plonger notre patrie dans les plus grands malheurs.

Comme homme, et comme compatriote de cet illustre auteur, je me sacrifierais pour lui, si des circonstances l'exigeaient.

j'ai osé aventurer quelques lignes, en faveur de mes compatriotes abandonnés.

Ecrivain d'un jour ; et qui pis est, homme du *bas-peuple*, comme on le dit encore dédaigneusement, je crains fort qu'en cette qualité, ma faible voix ne se fasse entendre et n'aille comme bien d'autres, se perdre dans le désert.

Mais, quoi qu'il en arrive, je me console d'avance, espérant que les hommes de bien qui m'auront lu, me rendront ce bon témoignage : que je n'ai voulu écrire l'histoire de mon pays, que uniquement dans l'intérêt de mes compatriotes, et pour attirer sur eux, de plus en plus l'attention bienveillante du gouvernement, ainsi que celle de tous les généreux philanthropes du royaume.

Oui, bons Bretons ! c'est pour vous que je sens battre mon cœur, et c'est aussi pour vous que sera mon dernier soupir. Et, en terminant ce petit ouvrage où, comme historien, j'ai été forcé de signaler aussi bien vos erreurs que vos vertus ; voici les derniers mots que je vous adresse et que je vous conjure de ne jamais oublier :

Bretons, mes chers compatriotes ! rendez toujours à Dieu un culte comme il convient ; un culte grand et noble, car Dieu est grand ! mais bannissez de votre esprit les superstitions qui sont filles de la peur et de l'ignorance. Attachez-vous de plus en plus à l'esprit du saint évangile, et obéissez aux sages ordonnances de l'église ; mais encore une fois, laissez de côté tout ce qui est petit, tout ce qui déshonore ou rabaisse notre belle religion ; et souvenez-vous bien que le temps des *féeries* est passé et que nous vivons au dix-neuvième siècle qui doit régénérer le monde. *Dieu le veut.*

En agissant ainsi, vous verrez reluire des jours plus heureux, plus calmes ; vous entrerez alors dans une nouvelle ère, et l'on ne dira plus de vous cette dure vérité : que les enfants de l'Armorique sont arriérés de quatre siècles, en civilisation.

Ce sont là les vœux bien sincères que je forme sans cesse pour votre bonheur.

FIN.

Quelques personnes sujettes à voyager dans la Basse-Bretagne, m'ont prié de mettre à la fin de cet ouvrage la manière de compter des Bas-Bretons. Je le fais avec d'autant plus de plaisir que je suis persuadé qu'elle leur sera utile en plus d'une circonstance.

Manière de compter des Bas-Bretons.

unan, *une*, *unon*, un.	*deuve*, *dive*, deux.	*tri*, *ter*, trois.

piar, *pevar*, *pedère*, quatre.	*pimpe*, cinq.	*huèh*, six.	*seihh*, sept.	*heihh*, huit.

nao, *nave*, neuf.	*déc*, dix.	*uinéc*, onze.	*deuzéc*, douze.	*triséc*, treize.	*piarséc*, quatorze.

pimpzéc, quinze.	*huèzéc*, seize.	*seittéc*, dix-sept.	*trihueihh*, dix-huit.	*nannedéc*, dix-neuf.

uiguéne, *unon arnuguène* :) voyez jusqu'à **9**, et mettez ces
vingt.   vingt-un.) nombres avant : *arnuguène*.

tregonde, *unon ac tregonde* :) voyez jusqu'à **9**, pour le reste,
trente.   trente et un.) et mettez ces nombres avant :
ac tregonde.

deu uiguéne, *unon ac deu uiguéne* :) comptez jusqu'à **9**,
quarante.   quarante et un.) et mettez ces nombres avant : *ac deu uiguéne*.

hantèr hante, *unon ac hantèr hante* :) pour le reste,
cinquante.   cinquante et un.) comme ci-dessus.

tri uiguéne :) pour le reste ; comme ci-dessus ; mais
soixante.) il faut prendre les nombres jusqu'à **19**.

piar uiguéne, *unon ac piar uiguéne* :) pour le reste, comme
quatre-vingt.   quatre-vingt un.) ci-dessus, en prenant les nombres jusqu'à **19**.

cante,   *unon ac cante,*   *cante ac tregonde,*
cent.   cent un.   cent trente.

cante ac deu uiguène,   *cante hanter hante,*
   cent quarante.   cent cinquante.

cante ac tri uiguène,   *cante ac piar uiguène,*
   cent soixante.   cent quatre-vingt.

            deu cante,   *mille.*
         deux cents.   mille.

QUELQUES QUESTIONS EN BRETON : *pèd lève ha* **zo**
ha va manne de Pondy, de Quibrène, dène Oriante,
dène Alré etc.; traduction : combien y a-t-il de lieues
d'ici Pontivy, Quiberon, Lorient, Aurai ? *dive lève,*
deux lieues.

Peguemène en dra ze ? dèc livres : combien cela ?
dix francs. *Dré be ré faute monède ?* par où faut-il
aller ?

couët, *udor,* et mieux *deur, tan, douar, güine,*
du bois.   de l'eau.   du feu. terre.   vin.

chistre, amonène, bara, pèbre, halène, goleuve,
   cidre.   beurre.   pain.   poivre.   sel.   chandelle.

kéque,   pesquède,   une ui,   ur gàde,   ur laër,
viande.   poisson.   un œuf.   un lièvre.   un voleur.

Je suis malade : *mé ha zo clan.*

Je veux me coucher : *faute d'ein monède de cous-*
quède.

Bonjour, monsieur : *Bonjour, eutru.*

J'aurais pu en dire davantage ; mais les bornes de
ce petit ouvrage ne le permettent pas.